Fiche **philosophe**

Par Dominique Coutant-Defer

Aristote

LePetitPhilosophe.fr

ARISTOTE

- **Né en 384 av. J.-C. à Stagire (Macédoine)**
- **Décédé en 322 av. J.-C.**
- **Quelques-unes de ses œuvres :**
  - *Éthique à Nicomaque*
  - *Métaphysique*
  - *Physique*

Philosophe grec du **IVe siècle av. J.-C.**, Aristote est le **fondateur de l'aristotélisme**, considéré, avec le platonisme, comme un courant majeur de la philosophie occidentale. Tout d'abord élève de Platon, Aristote s'oppose ensuite à la pensée idéaliste de son maitre et ouvre une **nouvelle voie à la philosophie**. Il fonde sa propre école, le Lycée, où il enseigne en se promenant. Il y critique l'origine de la connaissance telle que l'a instituée Platon avec la théorie des Idées, et **réhabilite la sensation et le monde** qui nous entoure comme moyens de connaitre la vérité.

La pensée d'Aristote, abordant des domaines tels que la métaphysique, la physique, la logique, la morale ou encore la politique, nous est parvenue essentiellement sous forme de traités destinés à l'enseignement. Le plus important demeure l'*Éthique à Nicomaque*.

BIOGRAPHIE

DE L'ACADÉMIE À LA FONDATION DU LYCÉE

Aristote est **né en 384 av. J.-C.** à Stagire (d'où son surnom : « le Stagirite »), en Macédoine, un royaume indépendant situé au nord de la Grèce actuelle. Son père, Nicomaque, est un médecin proche du roi Philippe de Macédoine. À dix-sept ans, Aristote se rend à Athènes où il suit, pendant une vingtaine années, **les cours de l'Académie**, l'école philoso-phique fondée par **Platon** (427-347 av. J.-C.).

Les rapports entre le maitre et le disciple, qui seront par la suite considérés comme les figures majeures de la phi-losophie occidentale, sont complexes. Leurs **divergences intellectuelles** sont profondes et pourtant un **respect mutuel** les habite, même si les biographes prétendent que Platon méprisait quelque peu le bavardage et la coquetterie de son élève. Mais l'amour de la vérité qui les réunit balaie les considérations d'ordre privé. Lorsqu'Aristote commence à contester les thèses idéalistes de son maitre en leur opposant une vision plus réaliste du monde, il le fait avec délicatesse, accordant une grande importance à l'amitié qui le lie à Platon.

En 343 av. J.-C., il est rappelé en Macédoine par le roi Philippe afin de devenir le **précepteur du prince Alexandre** (356-323 av. J.-C), le futur Alexandre le Grand, âgé de treize ans. Le monarque souhaite pour son fils l'enseignement de celui qu'il considère comme le plus grand des savants. Les talents d'Aristote sont largement rétribués par le roi et le philosophe est chéri par Alexandre, qui le considère comme un second père. Lorsque ce dernier prend la tête du royaume à la mort de son père, Aristote retourne à Athènes où, vers 335-336 av. J.-C., il fonde **sa propre école philosophique, le Lycée** ou *Peripatos* (terme qui désigne une promenade, une conversation philosophique en marchant). Il y enseigne pendant treize ans. Ses disciples s'appellent les péripatéticiens et deviennent les concurrents des élèves de l'Académie, dirigée par Xénocrate (400-314 av. J.-C.) depuis la mort de Platon en 347 av. J.-C. Le succès grandissant du Lycée oblige ensuite Aristote à investir un gymnase pour tenir sa classe. Il tente progressivement, au travers de son enseignement, une **totalisation des savoirs de l'époque**.

UNE ŒUVRE PÉDAGOGIQUE

L'œuvre d'Aristote, penseur encyclopédique, est immense et disparate, et son authenticité est parfois contestée. Elle nous est uniquement parvenue sous forme de **traités destinés essentiellement à l'enseignement**. Il s'agit probablement d'exposés et de résumés qui étaient utilisés par les étudiants pour leurs travaux. Il est donc parfois difficile de distinguer ce qui revient en propre à Aristote. L'ensemble a été édité par Andronicos de Rhodes vers 60 av. J.-C.

Parmi ses œuvres, on peut notamment citer :

- l'*Éthique à Nicomaque*, sur les moyens d'atteindre le bien et le bonheur par la connaissance et la pratique ;
- *De l'âme*, où le philosophe explore une partie de la physique appelée aujourd'hui la psychologie ;

- la *Métaphysique*, une étude des premières causes et des premiers principes, c'est-à-dire de la réalité première, de l'Être ;
- la *Physique*, une étude de la nature ;
- l'*Organon*, un traité de logique ;
- les *Politiques*, une étude de la cité ;
- le *Traité du ciel*, sur la cosmologie, sous forme poétique.

UN HÉRITAGE DISSÉMINÉ

À la mort d'Alexandre le Grand, en 323 av. J.-C., une **révolution antimacédonienne** éclate à Athènes, les deux cités ayant toujours été rivales. Aristote, proche de la cour de Macédoine, est **perçu comme un traitre** et est accusé d'impiété, comme le fut Socrate (470-399 av. J.-C.) en son temps. Il quitte alors Athènes et s'exile à Chalcis, une ville sous influence macédonienne, où est née sa mère. Il y décède peu après, d'une maladie d'estomac, en 322 av. J.-C. Diogène Laërce, écrivain grec du début du IIIe siècle av. J.-C., a reproduit le testament d'Aristote : chose étonnante, celui-ci ne comporte aucune allusion à la philosophie, mais concerne uniquement sa famille et l'affranchissement de plusieurs esclaves en particulier.

C'est **Théophraste** (372-287 av. J.-C.), disciple et ami d'Aristote, qui **lui succède au Lycée**, donnant une orientation essentiellement scientifique et matérialiste à l'enseignement aristotélicien. Après Théophraste, les péripatéticiens se contentent de commenter l'œuvre de leur maitre et l'école perdure **jusqu'en 529 apr. J.-C**., date à laquelle l'empereur byzantin Justinien Ier (482-565) éradique tout ce qu'il considère comme philosophie païenne.

La **publication des écrits du philosophe au Iᵉʳ siècle av. J.-C.** diffuse largement l'aristotélisme et amorce une renaissance de la philosophie d'Aristote à l'extérieur des frontières grecques. Sa doctrine est propagée (et parfois déformée) par les Byzantins et les Arabes, qui la restitueront ensuite à l'Occident médiéval.

BON À SAVOIR

Le **matérialisme** est une doctrine selon laquelle la matière constitue la seule réalité existante ou la réalité fondamentale, ou encore une réalité qui serait indépendante de l'esprit et organisée par des lois spécifiques.

CONTEXTE PHILOSOPHIQUE

LE PLATONISME

À l'époque d'Aristote, **Platon** domine la philosophie athénienne. Il a théorisé l'enseignement oral de son maitre, Socrate, tout en fondant son propre système philosophique, dont l'essentiel réside dans **la doctrine des Idées**, une théorie qui eut des répercussions comme nulle autre dans l'histoire de la pensée occidentale.

Platon introduit un dualisme entre deux mondes :

- d'une part **le monde sensible**, matériel, qui n'offre aucune stabilité puisque par essence il est le mouvement, le changement et le particulier ;
- d'autre part **le monde intelligible**, immatériel, qui se caractérise par sa stabilité, et est constitué d'hypothétiques essences immatérielles, éternelles et immuables : **les Idées**. Celles-ci sont, selon Platon, **des archétypes de la réalité** d'après lesquels les objets du monde visible sont formés. Concrètement, le fait que parmi la diversité d'espèces animales nous soyons capables de reconnaitre ces êtres comme des animaux permet de conclure qu'il existe un archétype de l'animal commun à tous les animaux et qui détermine la forme de leur être. Ainsi, le monde sensible est soumis aux Idées immuables, dont il tire son être.

Dès lors, **la véritable connaissance s'acquiert par les Idées**. Il s'agit de découvrir ce qui, en chaque chose, demeure inchangé, l'Idée à l'origine de toutes choses. Autrement dit, savoir, pour Platon, consiste à réduire la multiplicité et la diversité du monde sensible à l'unicité de l'Idée, puisque celle-ci constitue un modèle abstrait, parfait, éternel et immuable.

C'est au moyen de **la dialectique socratique** que l'âme s'élève progressivement vers le monde des Idées, pour atteindre l'Idée suprême, le Bien. Elle est aidée en cela par **la pratique de la vertu** : il s'agit de développer des vertus telles que la justice, la modération, la prudence, etc. Ajoutons encore que, selon le philosophe, l'homme est naturellement poussé à être vertueux car il se définit par la recherche du bonheur – en effet, tout être humain aspire au bonheur – ; or une vie heureuse est une vie où l'on est en harmonie avec soi-même, une vie sans tourments. Ainsi, Platon fait de la philosophie un véritable mode de vie.

BON À SAVOIR

La **dialectique socratique** désigne la méthode initiée par Socrate, également appelée la maïeutique ou « l'art de faire accoucher les esprits ». Le philosophe avait pour habitude de mettre ses interlocuteurs face à leurs propres contradictions nées de l'observation profonde d'eux-mêmes : grâce aux questions qu'il leur posait, il les amenait à trouver la vérité par leurs propres moyens, sans qu'elle leur soit enseignée ou transmise. Ceci se faisait selon un principe dialectique : les intervenants produisaient différentes thèses et antithèses, et celles-ci étaient dépassées dans une synthèse, née

ARISTOTE ET LA CRITIQUE DU PLATONISME

Aristote emprunte à Platon l'idée que **la connaissance doit être la recherche de l'universel**, qu'elle doit dépasser la sphère de l'opinion changeante et incertaine. Mais il affirme son indépendance intellectuelle en remettant en question les thèses majeures de son maitre, notamment la théorie des Idées.

Selon Aristote, **le monde qui nous entoure est aussi réel, plus réel même, que les Idées**. Il réhabilite donc le rapport au sensible, faisant de **la sensation le point de départ de la connaissance**. Associée à la raison, soit la part divine de l'homme, la sensation permet à l'individu d'accéder à la connaissance et au raisonnement.

Encore faut-il mettre de l'ordre dans ce raisonnement, sans quoi aucune connaissance n'est possible. Dès lors, **toute réflexion philosophique a pour préambule la logique**, une discipline formelle qui étudie les formes du raisonnement, indépendamment de son contenu. Une grande partie de l'œuvre aristotélicienne est donc consacrée à élaborer cet outil indispensable à l'élaboration de la pensée. À partir de là, Aristote peut explorer tous les domaines de la connaissance humaine : il s'intéresse à tous les phénomènes physiques et naturels qui composent la réalité.

Cependant, selon le philosophe, **l'univers physique est**

inconcevable sans un moteur de toutes choses : il s'agit de **Dieu**. Le but visé par Aristote est le même que celui de Platon, mais il n'y parvient pas par les mêmes moyens : à ses yeux, le monde physique et la sensation participent de la recherche des causes premières.

Cet exercice rationnel de l'âme, visant la connaissance, doit mener au bonheur, but suprême de la vie humaine selon Aristote. La connaissance et la morale sont donc étroitement imbriquées. Sur ce point, Platon et Aristote se rejoignent. La morale aristotélicienne déborde de plus sur le domaine politique : le bien de l'individu s'identifie avec celui de l'État.

UN SUCCÈS LONGTEMPS INCONTESTÉ

La voie ouverte par Aristote est suivie par de nombreux adeptes. Pour preuve, le nombre important de disciples qui se bousculent au Lycée, faisant de l'ombre à la prestigieuse Académie de Platon.

L'**aspect matérialiste** de la pensée aristotélicienne, opposée au pur idéalisme de son ancien maitre, remporte un grand succès du vivant même du philosophe.

Sa **volonté encyclopédique** de faire l'inventaire et le classement de tous les savoirs de son époque (physique, biologie, cosmologie, etc.) en les appuyant sur des recherches empiriques, fondées sur l'expérience, est très appréciée.

Les conceptions aristotéliciennes, tant physiques que métaphysiques, ont **largement influencé la tradition**

philosophique occidentale. Le philosophe constitue un **relais majeur entre l'Antiquité et le Moyen Âge** par le biais de philosophes comme Averroès (1126-1198), par exemple, qui contribue à diffuser ses idées. Au XIIe siècle, les œuvres d'Aristote bénéficient également du large mouvement de traduction des écrits des philosophes et scientifiques grecs et, au XIIIe siècle, sa métaphysique devient **la doctrine officielle de l'Église catholique romaine**, sous l'impulsion de Thomas d'Aquin (1225-1274), un des fondateurs de la scolastique.

BON À SAVOIR

La **scolastique** est la philosophie enseignée au Moyen Âge dans les universités européennes, dont l'objectif est de concilier la philosophie grecque (principalement la pensée d'Aristote) et le christianisme.

En revanche, de nouveaux moyens d'observation et d'expérimentation se faisant jour au **XVIIe siècle, certaines découvertes scientifiques d'Aristote sont contestées** par des philosophes-savants tels que Descartes (1596-1650) ou Pascal (1623-1662). Ceux-ci critiquent par exemple sa théorie de l'impossibilité du vide. Galilée (1564-1642), quant à lui, remet en question le géocentrisme affirmé par Aristote, pour qui la Terre est immobile et se trouve au centre de l'univers.

PENSÉE ET APPORT

Le projet d'Aristote, visant à une totalisation du savoir, peut s'articuler selon quatre axes principaux :

- **la logique**, qui sert de préambule à toute réflexion philosophique, représente l'*organon*, c'est-à-dire l'« instrument » indispensable au fonctionnement de la pensée. L'ensemble de l'œuvre logique d'Aristote a d'ailleurs été désigné sous le titre d'*Organon* ;
- **la métaphysique**, qui constitue l'étude de la réalité première, Dieu, sans qui l'univers physique est inexplicable ;
- **la physique**, qui a pour objet l'étude de la nature et s'attache, par exemple, à l'analyse du phénomène du changement, à la cosmologie ou encore à la classification des êtres vivants ;
- **la morale et la politique**, qui sont étroitement liées et visent le bonheur de l'individu. Celui-ci découle, selon Aristote, de l'activité rationnelle.

LA LOGIQUE

La logique précède la physique puisqu'elle donne la forme de la science.

Aristote expose donc dans cette partie de sa philosophie **les grands principes formels qui doivent structurer le raisonnement** et qui pourront ensuite s'appliquer aux différents champs de la connaissance.

Nous n'apprenons, selon Aristote, que par induction ou

par démonstration (déduction). Seuls ces **deux types de raisonnements** permettent d'accéder à la connaissance :

- **l'induction** consiste à partir de cas individuels ou de faits particuliers pour accéder à des lois générales, à des énoncés universels. Il s'agit par exemple d'observer les différences entre les animaux pour trouver ce qui est commun à chaque espèce, de manière à rendre possible la définition et la classification des espèces. C'est de cette manière qu'Aristote établit la classification des êtres vivants ;
- **la démonstration** est fondée sur un raisonnement déductif rigoureux par lequel on établit la vérité d'une proposition. Elle constitue alors une preuve scientifique. À la différence de l'induction, la démonstration part du général pour aboutir au particulier.

Le modèle du raisonnement par déduction est **le syllogisme** : il consiste à passer de propositions admises à une proposition qui résulte nécessairement des précédentes et apporte une nouveauté par rapport à elles (citation 1). Plus précisément, il est **formé de trois propositions** :

- une prémisse majeure : « Tous les hommes sont mortels » ;
- une prémisse mineure : « Socrate est un homme » ;
- une conclusion : « Socrate est mortel ».

On part bien d'une affirmation générale qui ne peut être contredite pour aboutir à un cas particulier. L'aspect systématique du syllogisme permet d'établir une vérité garantie par des prémisses déjà assurées. Avec le syllogisme, Aristote invente la logique formelle.

La science de l'Être

Aristote n'a jamais employé le terme « métaphysique » : il parlait de « **philosophie première** ». Le mot « métaphysique » a sans doute été inventé au moment de l'édition des œuvres du penseur au Ier siècle av. J.-C.

Littéralement, la métaphysique désigne « ce qui vient après la physique », autrement dit ce qui s'attache à une réalité située au-delà des choses sensibles : il s'agit de **la recherche des principes premiers et des causes premières de l'être**, qui résident en Dieu, éternel et parfait.

Partant de là, la métaphysique est **aussi la science générale qui appréhende l'être en tant qu'être**, c'est-à-dire la science de l'Être. Chez Aristote, elle ne se confond avec aucune des sciences particulières, qui isolent des parties de l'Être et en étudient les attributs, comme c'est le cas des sciences mathématiques, par exemple.

La matière et la forme

Dans la *Métaphysique*, Aristote prend ses distances avec Platon :

- celui-ci oppose l'Idée aux objets sensibles, ce qui implique que la nature des choses soit transcendante ;
- Aristote estime au contraire que l'essence des choses, appelée « substance », ne peut se trouver qu'en

elles-mêmes.

Pour expliquer son point de vue, le philosophe distingue **dans tout objet deux aspects** :

- **la matière**, qui est indéterminée et constitue le support du changement, de ce qui se forme et se transforme par l'action d'un agent ;
- **la forme**, qui fait qu'une chose est ce qu'elle est, qui lui donne son essence, sa substance.

Ainsi, si l'on considère une table, sa matière est le morceau de bois dans lequel elle a été réalisée, tandis que sa forme désigne les déterminations qui font qu'elle représente une table. En somme, **les choses sont des composés de matière et de forme** ou « composés hylémorphiques » (du grec *hylè*, « matière », et *morphè*, « forme ») (citation 2). Il n'existe pas, selon Aristote, de matière qui serait privée de forme. Même l'eau prend la forme du récipient qui la contient. La matière naturelle n'existe donc pas : elle occupe toujours une portion d'espace déterminée, elle a toujours une forme. Cela dit, la forme d'un objet peut être transformée par l'homme. Tout ce qui est élaboré par l'homme (outils, constructions, œuvres d'art, etc.) témoigne alors de la dimension spirituelle de l'humanité : l'esprit de l'homme donne une forme spécifique à la matière.

L'existence en acte et en puissance

Il y a en outre, pour tout être de la nature et pour tout phénomène donné, **deux manières d'exister** :

- **en acte**. Existe en acte ce qui est effectivement réalisé – de même qu'un acte, dans le langage courant, se distingue d'une simple intention d'agir. Reprenons l'exemple de la table : elle existe en acte une fois construite, une fois que la forme se réalise dans la matière « bois » et lui donne toutes ses déterminations ;
- **en puissance**. La plupart des réalités, avant d'être en acte, ont d'abord existé en puissance, c'est-à-dire de manière virtuelle. Les morceaux de bois disposés dans l'atelier, par exemple, représentent la table en puissance ; c'est par l'intermédiaire de l'assemblage qu'ils deviennent une table en acte.

Être en acte, c'est être pleinement réalisé, par opposition à ce qui est puissance, c'est-à-dire ce qui n'est que virtuel. De même, l'enfant a quelque chose de l'homme adulte, il n'en est pas radicalement différent, mais il n'est encore qu'un adulte en puissance.

Ainsi, Aristote ajoute à sa théorie de la matière et de la forme une théorie du mouvement qui explique le devenir des êtres.

Les causes de développement des êtres

Mais comment comprendre **le développement des êtres** ? Aristote dresse une liste des **différentes causes possibles** :

- **la cause formelle**, c'est-à-dire le modèle, l'essence d'une chose, la forme, le plan qui lui est immanent. Par exemple, la cause formelle de la statue, c'est l'idée qu'en a l'artiste ;
- **la cause matérielle**, ce dont une chose est faite. L'airain est la cause matérielle de la statue, par exemple ;
- **la cause motrice ou efficiente**, liée à la notion de mouvement, de changement. Il s'agit de l'acte de sculpter de l'artiste, pour reprendre le même exemple de la statue ;
- **la cause finale**, soit la raison d'être de la chose, ce en vue de quoi elle existe. La cause finale de la statue est qu'elle est destinée à être une œuvre d'art (citation 3).

Pour certains êtres, les quatre causes sont mêlées, comme c'est le cas pour **l'être humain** :

- sa cause formelle est le plan déterminé pour lui par la nature qui lui donne sa forme d'humain ;
- sa cause matérielle correspond à la présence d'os, de sang, d'organes, etc. ;
- sa cause efficiente, ce sont ses parents qui l'ont créé ;
- sa cause finale est de perpétuer l'espèce et d'entrer en rapport avec Dieu.

La nature ne fait rien en vain, elle est réglée par des fins auxquelles sont soumis la plupart des phénomènes. Mais, selon Aristote, ces derniers n'obéissent pas à une intention providentielle : ils sont régis par un programme global de développement inscrit dans la constitution des êtres naturels.

Dieu comme premier moteur

Ainsi, **le monde est en perpétuel mouvement**. Toutefois, l'impulsion première de ce mouvement ne peut remonter à l'infini, selon Aristote : il doit exister **un premier moteur qui serait lui-même immobile**, et ce moteur n'est autre que Dieu.

Dieu, placé au sommet de l'échelle des êtres, est une substance sans matière, une pure essence. Il est le moteur parfait, pur, éternel, immobile de toutes choses ; il n'est pas mû lui-même par autre chose. Plus précisément, **Dieu met en mouvement tous les êtres de la nature par le désir qu'ils ont d'entrer en rapport avec lui**. Il s'agit en effet, selon le philosophe, du but ultime vers lequel tendent tous les êtres, dans leur souhait de connaitre les causes premières.

Mais il ne doit pas être considéré comme un dieu créateur, démiurge ou providentiel : il s'agit simplement d'un moteur, d'une cause logique. En cela, le Dieu d'Aristote n'est pas transcendant : il ne se situe pas en dehors ou au-delà du monde, il inclut et dépasse ces notions.

Monde lunaire et monde sublunaire

La physique (du grec *phusis*, la « nature ») a pour objet l'étude de la nature. Elle consiste entre autres en une cosmologie.

Aux yeux d'Aristote, la Terre se trouve au centre d'un univers clos et fini dans lequel il distingue **deux mondes** : d'une part le monde sublunaire, d'autre part le monde lunaire. Le programme de développement des êtres est différent dans chacun de ces deux mondes, qui ne sont pas régis par les mêmes lois physiques et ont des degrés de perfection différents :

- **le monde sublunaire**, c'est-à-dire le monde terrestre, « sous la lune », est en perpétuel changement : naissance, mort, évolution et altération le caractérisent. Il est donc imparfait. Par ailleurs, il est composé de quatre éléments (eau, air, terre, feu) dont tous les corps qui le constituent ne sont que la combinaison ;
- **le monde lunaire**, soit le monde céleste, situé au-dessus de l'orbite lunaire, ne connait pas le changement. Les corps célestes (Lune, Soleil, planètes, étoiles) se meuvent autour de la terre toujours de la même manière, selon un mouvement circulaire : il s'agit du mouvement le plus parfait possible car il n'a pas de début ni de fin. Par ailleurs, ils ne naissent ni ne meurent. N'étant pas soumis à la corruption liée au changement, ils sont **parfaits**. Le temps est considéré par Aristote comme destructeur, puisqu'il permet de mesurer le mouvement et que le mouvement défait ce qui est.

La classification des êtres vivants

Aristote s'est également intéressé à **la nature des êtres vivants** : ceux-ci se distinguent des objets inanimés par le fait qu'ils sont capables de se mouvoir de manière autonome, c'est-à-dire de se déplacer et de se transformer par eux-mêmes (citation 4). Cela s'explique par le fait qu'ils sont **pourvus d'un principe vital d'organisation interne : l'âme**, qui constitue leur forme caractéristique, leur essence. Cependant, la nature de l'âme diffère selon les êtres vivants :

- les plantes ont une âme végétative qui leur permet de se nourrir, de croitre et de se reproduire ;
- les animaux ont une âme sensitive qui leur permet de sentir, de désirer et de se mouvoir ;
- les hommes ont une âme rationnelle qui leur permet de penser et de connaitre.

En outre, **les êtres vivants ont une finalité**, c'est-à-dire une fonction, une tâche à accomplir qui les caractérise : dès lors, ils existent pour réaliser cette fonction, pour accomplir cette tâche. C'est cette finalité qui les définit, qui constitue leur essence. Ainsi, l'essence d'un végétal est de subsister, l'essence d'un animal est de se mouvoir et l'essence d'un homme est de penser. Cela signifie que **la finalité des êtres vivants est de réaliser leur essence, laquelle correspond à leur âme ou forme caractéristique**.

L'art comme *mimesis*

Enfin, selon Aristote, l'art entretient un lien étroit avec

la physique en tant qu'étude de la nature. En effet, **l'art consiste à copier la nature**. Autrement dit, il relève du domaine de la mimesis, comprise comme imitation, comme représentation. Et, **en tant qu'imitation, l'objet d'art est inférieur à l'objet naturel**, car il a son principe dans un autre être, l'être naturel qui l'inspire. En ce sens, il est moins complet que ce dernier. L'art imite donc la nature pour rechercher une dimension qu'il n'a pas. En effet, l'œuvre d'art, pour exister, a besoin du geste de l'artiste, alors que l'objet naturel contient en lui-même sa propre cause, que la nature fonctionne de manière spontanée, en vue d'une finalité programmée (par exemple, les plantes produisent des feuilles dans le but de donner des fruits).

D'après le philosophe, si des erreurs peuvent se produire dans la nature, elles sont toutefois moins fréquentes que dans l'art. En revanche, il admet que l'art peut exécuter et parachever ce que la nature est impuissante à produire. La statue est en puissance dans le marbre, par exemple, mais seul l'artiste sculpteur est capable de lui donner sa forme de statue.

LA MORALE ET LA POLITIQUE

Le bonheur, le souverain Bien

Pour le philosophe grec, le souverain Bien, soit ce qui doit être recherché pour lui-même et non en vue d'autre chose, n'est autre que **le bonheur**, qui constitue **le but suprême de la vie**. En ce sens, Aristote est eudémoniste.

Mais en quoi consiste le bonheur ?

- Aristote élimine le plaisir et la jouissance grossière comme sources de bonheur, car il les considère comme relevant de la bestialité.
- Il juge également les honneurs comme trop superficiels pour procurer le bonheur à l'homme, car ils dépendent plutôt de celui qui honore.
- Quant aux richesses, le philosophe les considère plutôt comme un moyen, une chose utile en vue d'obtenir autre chose, que comme une fin.

En fait, selon Aristote, **le bonheur réside, pour n'importe quel être, dans la réalisation de sa nature**. Autrement dit, pour l'homme, le bonheur ne peut être atteint qu'en pratiquant la seule activité spécifiquement humaine, à savoir l'activité de la raison : la vie contemplative, la recherche de la vérité et l'exercice intellectuel. En somme, **le bonheur s'atteint via la raison**. Cette activité, qui correspond à ce qu'il y a de divin en l'homme, se suffit à elle-même et représente une fin en soi (<u>citation 5</u>).

L'attitude éthique

Aussi **la raison invite**-t-elle l'homme **aux vertus de prudence et à de mesure** : elle lui évite de tomber dans l'excès et dans la satisfaction frénétique de ses désirs, elle lui permet de maitriser ses passions. Grâce à elle, l'homme est capable de trouver la mesure en toutes choses, de découvrir le juste milieu pour chaque situation et ainsi de reconnaitre les justes moyens d'atteindre le bien. **De là découle l'attitude éthique** qui s'acquiert, selon Aristote, par la pratique.

Plus précisément, agir bien ne consiste pas à agir conformément à une idée juste de ce qu'il faut faire, mais à s'exercer à acquérir la vertu morale, soit la capacité à analyser une situation avec prudence et mesure. L'homme qui aspire au bien acquiert peu à peu des dispositions morales qui deviennent progressivement un caractère durable de sa personne. Par conséquent, ce n'est pas l'intention de l'acte qui compte, ni ses conséquences, mais la manière dont il influence l'homme lui-même : **est bon l'acte qui fait de l'individu un homme meilleur**.

L'homme, un animal politique

Selon Aristote, **l'homme n'est vraiment lui-même qu'au sein de la cité** : ce n'est que dans la cité qu'il a la possibilité de développer et d'exercer pleinement ses facultés rationnelles. C'est **« un animal politique »** naturellement social, pour qui vivre en communauté est naturel, explique-t-il. Le philosophe juge par conséquent **la société comme naturelle elle aussi** (citation 6). Ainsi, tandis que Platon estimait que la société était née pour pallier les faiblesses des hommes, Aristote explique au contraire la naissance de la société par le penchant naturel de l'individu à vivre en communauté.

Dès lors, selon le point de vue aristotélicien, **l'homme est citoyen autant qu'il est homme**. C'est donc en faveur de la cité qu'il pratique sa vertu essentielle, la vie contemplative, contribuant ainsi non seulement à son bonheur personnel, mais également au bonheur de tous. La cité constitue le cadre naturel de la fin qu'il poursuit en tant qu'homme.

De plus, pour Aristote, **la cité est le lieu où peuvent s'exercer l'ensemble des activités humaines** :

- d'une part, celles qui correspondent à la *praxis*, soit l'action au sens strict, et qui regroupent à la fois les actes politiques et moraux ;
- d'autre part, celles qui correspondent à la *poiesis*, entendue au sens de création ou de production, et qui désignent le travail, la production de biens et de services utiles à la vie de tous.

La constitution de l'État

Le philosophe explique par ailleurs que la cité, ou **l'État, se met en place progressivement à partir de plusieurs communautés** qui s'agrandissent toujours plus, selon une logique naturelle :

- la cellule familiale se constitue dans un but de conservation de l'espèce ;
- les familles se rassemblent ensuite entre elles pour for-

mer les villages ;

- enfin, ces villages se regroupent pour constituer l'État, qui peut alors vivre en autarcie, c'est-à-dire se suffire à lui-même.

L'homme, bien que susceptible de vivre de manière vertueuse, peut être sujet à certains écarts qu'une constitution, c'est-à-dire **un ensemble de lois**, doit être à même de canaliser, en remplissant une mission d'éducation à la vertu. Ces lois doivent par ailleurs être **représentées par un gouvernement**. Mais encore faut-il choisir le mode de gouvernement adapté :

- le gouvernement qui concourt au bien-être général de tous les sujets de l'État est bon ;
- le gouvernement qui ne suit que les intérêts de ceux qui dirigent est déviant.

Le **modèle démocratique**, qui implique la participation de tous les citoyens aux problèmes de la cité, semble le plus apte, d'après Aristote, à combler les attentes du plus grand nombre, contrairement à l'oligarchie, système dans lequel le pouvoir est entre les mains d'un petit nombre d'individus (citation 7).

Enfin, notons que **l'éducation à la vertu passe également par le spectacle artistique**, qui a sa place dans la cité. En effet, les mauvaises passions qui pourraient animer les citoyens sont en quelque sorte purgées par la vision des œuvres d'art (poésie, chants, théâtre, etc.). C'est ce qu'Aristote nomme **la *catharsis***, qui signifie la « purification » en grec. En ayant sous les yeux des spectacles qui déclenchent l'horreur ou la pitié, par exemple, les citoyens épanchent et détournent la violence de leurs émotions.

Aristote pose avant tout **les principes du raisonnement logique**, afin de pouvoir les appliquer aux différents champs de la connaissance.

Dans sa métaphysique, il distingue dans tout objet deux aspects : **la matière**, indéterminée, et **la forme**, qui lui donne son essence. Existe **en acte** ce qui est effectivement réalisé, existe **en puissance** ce qui attend de recevoir sa forme.

Le philosophe explique ainsi le devenir des êtres. Plus précisément, **quatre causes** sont à l'origine du développement des êtres : formelle, matérielle, motrice et finale. Il existe cependant **un premier moteur immobile** qui meut tous les êtres : **Dieu**.

Ensuite, dans sa physique, Aristote distingue le **monde sublunaire**, changeant et imparfait, et le **monde lunaire**, immuable et parfait.

Le philosophe est aussi célèbre pour sa définition et sa classification des **êtres vivants** : ceux-ci sont capables de se mouvoir par eux-mêmes grâce à un **principe vital interne, l'âme**, qui constitue leur forme caractéristique. La nature de l'âme diffère selon les êtres vivants.

En matière de morale, Aristote voit dans **le bonheur le souverain Bien**. Il réside, pour n'importe quel être, dans **la réalisation de sa nature** ; pour l'homme, le bonheur s'atteint via la raison. Celle-ci, en invitant l'individu à la prudence et à la mesure, engendre l'attitude éthique.

L'homme ne peut cependant se révéler pleinement en tant qu'être rationnel qu'au sein de la cité : **vivre en communauté est naturel**.

Quant à **l'État**, il se met en place naturellement à partir du **rassemblement de plusieurs communautés**. Un ensemble de **lois**, représentées par un **gouvernement** dont la forme idéale est la **démocratie**, canalise les écarts.

Votre avis nous intéresse !
Laissez un commentaire sur le site de votre librairie en ligne
et partagez vos coups de cœur sur les réseaux sociaux !

POUR ALLER PLUS LOIN

- ARISTOTE, *De l'âme*, traduction de Jules Tricot, Paris, Vrin, 2002.
- ARISTOTE, *Éthique à Nicomaque*, traduction de Jules Tricot, Paris, Vrin, 1994.
- ARISTOTE, *Les Politiques*, traduction de Pierre Pellegrin, Paris, GF-Flammarion, 1999.
- ARISTOTE, *Métaphysique*, traduction de Jules Tricot, Paris, Vrin, 1991.
- ARISTOTE, *Organon*, traduction de Jules Tricot, Paris, Vrin, 1990-1995.
- AUBENQUE (Pierre), *Le Problème de l'être chez Aristote*, Paris, PUF, 2005.
- AUBENQUE (Pierre), *La Prudence chez Aristote*, Paris, PUF, 2009.
- BRUN (Jean), *Aristote et le Lycée*, Paris, PUF, 2004.
- CLÉMENT (Élisabeth) *et alii*, *La Philosophie de A à Z*, Paris, Hatier, 2000.
- HADOT (Pierre), *Qu'est-ce que la philosophie antique ?*, Paris, Gallimard, 1995.
- KUNZMANN (Peter), BURKARD (Franz-Peter) et WIEDMANN (Franz), *Atlas de philosophie*, Paris, Le Livre de Poche, 2010.
- RUSS (Jacqueline), *Les Chemins de la philosophie*, Paris, Armand Colin, 1988.

TESTEZ VOS CONNAISSANCES !

Citation 1 : « Le syllogisme est un discours dans lequel, certaines choses étant posées, quelque chose d'autre que ces
données en découle nécessairement par le seul fait de ces
données. » (Topiques, livre 1, chapitre 1, 100a25, in *Organon*,
Paris, Vrin, 1990-1995)

Citation 2 : « [...] la substance, c'est, en un premier sens,
la matière, c'est-à-dire ce qui, par soi, n'est pas une chose
déterminée ; en un second sens, c'est la figure et la forme,
suivant laquelle, dès lors, la matière est appelée un être
déterminé ; et, en un troisième sens, c'est le composé de la
matière et de la forme. » (*De l'âme*, Paris, Vrin, 2002, livre 2,
chapitre 2)

Citation 3 : « [L] es causes se disent en quatre sens. En un
sens, par cause nous entendons la substance formelle [...] ;
en un autre sens encore, la cause est la matière [...] ; en un
troisième sens, c'est le principe d'où part le mouvement ; en
un quatrième enfin, [...] c'est la cause finale ou le bien [...]. »
(*Métaphysique*, Paris, Vrin, 1991, tome 1, livre alpha, chapitre 3, 983b-984b)

Citation 4 : « C'est par la vie que l'animé se distingue de
l'inanimé. Or, il y a plusieurs manières d'entendre le fait
d'être en vie. Il suffit qu'une d'entre elles soit réalisée dans
un être pour qu'on dise qu'il est vivant ; que ce soit la pensée,

la perception, le mouvement [...], la nutrition, le dépérisse-
ment ou la croissance. » (*De l'âme*, Paris, Vrin, 2002, livre 2,
chapitre 2, 413a21)

Citation 5 : « [C] e qui est propre à chaque chose est par
nature ce qu'il y a de plus excellent et de plus agréable pour
cette chose. [...] pour l'homme, par suite, ce sera la vie selon
l'intellect, s'il est vrai que l'intellect est au plus haut degré
l'homme même. Cette vie-là est donc la plus heureuse. »
(*Éthique à Nicomaque*, Paris, Vrin, 1994, 1177b-1178a)

Citation 6 : « La cité fait partie des choses naturelles, et [...]
l'homme est par nature un animal politique [...]. » (*Les
Politiques*, Paris, GF-Flammarion, 1999, livre 1, chapitre 2,
1252a-1253a)

Citation 7 : « [L] a démocratie est plus stable et moins
exposée aux séditions que l'oligarchie. [...] De plus, la
Constitution qui s'appuie sur les classes moyennes est plus
proche du régime populaire que le gouvernement du petit
nombre, et c'est elle la plus stable des Constitutions. » (*Les
Politiques*, Paris, GF-Flammarion, 1999, livre 5, chapitre 1,
1301b-1302a)

Explication a : le modèle du raisonnement par déduction
est le syllogisme, qui consiste à passer de propositions
admises à une proposition qui résulte nécessairement des
précédentes.

Explication b : la société est un fait de nature, de même que
l'homme est naturellement social.

Explication c : le modèle démocratique semble plus stable et plus apte à combler les attentes du plus grand nombre d'individus que l'oligarchie, sujette aux soulèvements.

Explication d : l'art est mimésis, c'est-à-dire qu'il consiste à copier la nature ; par conséquent, en tant qu'imitation, l'objet d'art est inférieur à l'objet naturel.

Explication e : il existe un premier moteur lui-même immobile qui met en mouvement tous les êtres de la nature : Dieu.

Explication f : le bonheur réside, pour n'importe quel être, dans la réalisation de sa nature, de ce qui lui est propre ; en ce qui concerne l'homme, seul l'exercice de la raison peut le rendre heureux, car il s'agit de l'activité spécifiquement humaine.

Explication g : la raison, qui est le propre de l'homme, l'invite à la prudence et à la mesure ; de là découle l'attitude éthique.

Explication h : toute chose est composée de matière, qui est indéterminée, et d'une forme, qui fait qu'elle est ce qu'elle est et lui donne sa substance.

Explication i : le développement des êtres peut s'expliquer par quatre causes : formelle, matérielle, motrice et finale.

Explication j : les êtres vivants se distinguent des objets inanimés par le fait qu'ils sont capables de se mouvoir de manière autonome, soit, selon les êtres vivants, de se nourrir, de se déplacer, de se transformer, de percevoir ou encore de penser par eux-mêmes.

Rendez-vous sur lepetitphilosophe.fr et découvrez :

Plus de 1200 analyses
Claires et synthétiques
Téléchargeables en 30 secondes
À imprimer chez soi

L'éditeur veille à la fiabilité des informations publiées, lesquelles ne pourraient toutefois engager sa responsabilité.

www.lepetitphilosophe.fr

ISBN version numérique : 978-2-8062-4924-1
ISBN version papier : 978-2-8080-0133-5
Dépôt légal : D/2017/12603/517

Conception numérique : Primento,
le partenaire numérique des éditeurs.

Made in the USA
Monee, IL
07 July 2026